VENTE

DU

Samedi 14 Mai 1904

HOTEL DROUOT, SALLE N° 9

à 2 heures précises

Estampes Anciennes

DU XVIIIᵉ SIÈCLE

EN NOIR ET EN COULEURS

COMMISSAIRE-PRISEUR

Mᵉ PAUL CHEVALLIER

10, rue Grange-Batelière

EXPERT

M. A. DANLOS

15, quai Voltaire

ESTAMPES ANCIENNES

DU XVIIIᵉ SIÈCLE

CONDITIONS DE LA VENTE

Elle sera faite au comptant.

Les acquéreurs paieront 10 p. 100 en sus des prix d'adjudication.

M. Danlos se réserve la faculté de rassembler ou de diviser les lots.

La collection sera exposée 15, quai Voltaire, du lundi 9 au jeudi 12 mai inclusivement.

CATALOGUE
D'ESTAMPES

PRINCIPALEMENT

DES ÉCOLES ANGLAISE ET FRANÇAISE

DU XVIIIe SIÈCLE

PIÈCES IMPRIMÉES EN NOIR ET EN COULEURS

DONT LA VENTE AUX ENCHÈRES PUBLIQUES AURA LIEU

HOTEL DES COMMISSAIRES-PRISEURS

Rue Drouot, 9, Salle n° 9

Le 14 Mai 1904, à deux heures précises

Par le Ministère de **Me CHEVALLIER**, Commisseur-Priseur

10, RUE GRANGE-BATELIÈRE, 10

Assisté de **M. A. DANLOS**, Marchand d'Estampes

15, QUAI VOLTAIRE, 15

EXPOSITION PUBLIQUE

Le Vendredi 13 mai 1904, de deux heures à cinq heures.

ESTAMPES

ANSELL
(D'après C.)

1 — *Arthur & Emmeline*, Médaillon rond par W. Tomkins.

> Très belle épreuve imprimée en bistre. Très grande marge.

BALÉCHOU
(J.-J.)

2 — Portrait de la sœur de Mme Aved, tenant un rouet sur ses genoux, d'après Aved. In-f°.

> Superbe épreuve. Grande marge.

BARTOLOZZI
(Par et d'après F.)

3 — *The origin of Painting*. Petit médaillon ovale en largeur.

> Superbe épreuve imprimée en couleurs, elle est très fraîche et a toute sa marge.

4 — *The Three fine arts*. Petit médaillon ovale, en largeur, d'après A. Kauffman.

> Magnifique épreuve imprimée en couleurs, elle est très fraîche et a sa marge entière non ébarbée. Excessivement rare de cette qualité.

5 — *Veillez amants si l'Amour dort.* Petit médaillon ovale, en largeur, d'après **A.** Kauffman.

Magnifique épreuve imprimée en couleurs, elle est très fraîche et a de la marge. Excessivement rare de cette qualité.

6 — *Hamlet and his Mother.* Médaillon ovale, d'après **W.** Hamilton.

Magnifique épreuve imprimée en couleurs, elle est très fraîche et a sa marge entière non ébarbée.

7 — *Roméo & Juliette,* d'après **W.** Hamilton, médaillon ovale en hauteur.

Magnifique épreuve imprimée en couleurs, elle est très fraîche et a une très grande marge.

8 — *Guallerus and Griselda,* d'après Rigaud.

Superbe épreuve imprimée en couleurs. Marge.

9 — *Zeuxis composing the picture of Juno,* d'après **A.** Kauffman.

Très belle épreuve imprimée en couleurs. Grande marge.

10 — *Rinaldo et Armida. — Morte di Clorinda.* Deux médaillons ovales en hauteur, faisant pendants, gravés d'après **A.** Kauffman.

Superbes épreuves tirées en bistre, elles ont leurs marges entières non ébarbées.

11 — *Wisdom. — Sapience,* d'après J.-B. Cipriani. Médaillon ovale en hauteur.

Superbe épreuve imprimée en couleurs. Grande marge.

12 — *The Fair Moralist and her Pupill,* d'après **R.** Cosway.

Superbe épreuve, lettres grises, imprimée en bistre ; elle est très fraîche et a sa marge entière non ébarbée. Très rare de cette qualite.

13 — *Marchande de Cupidons. — Cupidon acheté trop cher.*
Deux médaillons ovales en largeur, faisant pendants, gravés d'après Bartolozzi et J. Turts.

> Très belles et très fraîches épreuves imprimées en
> bistre. Très grandes marges.

14 — *Nymphs Bathing. — Nymphs after Bathing.* Deux
petits médaillons ovales en hauteur, faisant pendants, gravés d'après B. Cipriani.

> Superbes épreuves, elles sont très fraîches et ont de
> très grandes marges.

15 — *Venus chiding Cupid,* d'après Reynolds. Très petit
médaillon ovale en hauteur.

> Très belle épreuve avant la lettre, imprimée en bistre.
> Toute marge.

16 — *Telemachus and Mentor in the Island of Calypso,*
d'après A. Kauffman.

> Très belle épreuve imprimée en couleurs. Très grande
> marge.

17 — *Cornelia Mother of the Gracchi, shewing her Chi-
ldren as her only ornaments.* Petit médaillon ovale,
en largeur, gravé d'après B. West.

> Magnifique et très fraîche épreuve imprimée en cou-
> leurs.

18 — *Coriolanus,* d'après A. Kauffman.

> Très belle épreuve imprimée en bistre.

19 — *The Resurrection of a pious Family from their tomb
at the Last Day,* d'après Peters. Grande pièce
allégorique, in-f°, d'après Peters.

> Très belle épreuve lettres grises.

BEAUVARLET
(J.)

20 — Hippolyte de la Tour Clairon, dans le rôle de Médée. Grand portrait in-f°, gravé d'après C. Vanloo.

> Très belle épreuve.

BENAZECH
(D'après C.)

21 — Séparation de Louis XVI et de sa famille, par Schiavonetti.

> Superbe et rare épreuve lettres grises. Déchirure.

BENWELL
(D'après J. H.)

22 — *Cupid disarm'd. — Cupid's Revenge.* Deux petits médaillons ovales en hauteur, faisant pendants, gravés par C. Knight.

> Magnifiques épreuves, lettres grises, imprimées en bistre; elles sont de la plus grande fraîcheur et ont leurs marges entières non ébarbées. Excessivement rares de cette qualité.

BOSIO
(P.)

23 — Bal de l'Opéra.

> Très belle épreuve coloriée du temps. Grande marge.

BOUCHER
(D'après F.)

24 — Les Amants surpris. — L'agréable leçon. Deux pièces, faisant pendants, gravées par Gaillard.

> Très belles épreuves. Grandes marges.

25 — La Belle Villageoise, par Soubeyran.

> Très belle épreuve. Remargée à claire-voie.

26 — Les Charmes du Printemps. — Les Plaisirs de l'Été.
— Les Amusements de l'Hyver. 3 pièces gravées
par Daullé.

> Très belles épreuves. Très grandes marges.

27 — L'Aimable Villageoise. — La Cornemuse. — La Co-
quette. — Jeux d'enfants. — Vénus et les Grâces
au bain. — Vénus et l'Amour. — L'Amour porté
par les Grâces. 7 pièces.

> Très belles épreuves. Grandes marges.

28 — Le Pont rustique. — Seconde vue des environs de
Charenton. — Vue des environs de Beauvais. —
Paysages. 7 pièces.

> Belles épreuves.

29 — Naissance et triomphe de Vénus, par Daullé.

> Très belle épreuve. Grande marge.

30 — L'Enlèvement d'Europe. — Mariage de Psyché et
l'Amour. 2 grandes pièces gravées par Aveline et
Beauvarlet.

> Très belles épreuves.

31 — La Mort d'Adonis. — La Naissance d'Adonis. — La
Fontaine. 3 pièces gravées par Aubert, Scotin et
Pelletier.

> Très belles épreuves. Marges.

CANOT et JEAURAT
(D'après)

32 — Le Souhait de la bonne année au Grand-papa. — La
Jeunesse. — La Vieillesse. Trois pièces gravées
par Le Bas et Lépicié.

> Très belles épreuves.

CHARDIN

(D'après J.-B. Siméon)

33 — L'Aveugle, par Surugue fils (E. B. 4).

> Superbe épreuve d'un état non décrit par M. Bocher :
> Avec la mention, *Tiré du cabinet de M^r le Chevalier Damery*, au-dessous de l'adresse de l'auteur.
> Très grande marge.

34 — Le Château de cartes, par Fillœul (20).

> Superbe épreuve. Grande marge.

35 — La Gouvernante, par Lépicié. 1739 (24).

> Très belle épreuve. Remargée à claire-voie.

36 — L'Inclination de l'âge, par P.-L. Surugue fils, 1743 (25).

> Très belle épreuve. Remargée à claire-voie.

37 — Le Jeu de l'oye, par P.-L. Surugue, 1745 (27).

> Superbe épreuve; elle est très fraîche, et a une très grande marge. Rare de cette qualité.

38 — La Maîtresse d'École, par Lépicié, 1740 (34).

> Superbe épreuve du premier état : avec la date à la suite du nom de Lépicié, et avec la première adresse, celle de Surugue laquelle fut, par la suite, remplacée par celle de la veuve Chereau. Remargée à claire-voie.

39 — Le Négligé ou Toilette du matin, par Le Bas, 1741 (38).

> Très belle épreuve. Remargée à claire-voie.

40 — La Pourvoyeuse, par Lépicié, 1742 (46).

> Très belle épreuve. Remargée à claire-voie.

41 — La Ratisseuse, par Lépicié, 1742 (45).

> Très belle épreuve. Remargée à claire-voie.

42 — La Serinette, par L. Cars (47).

> Superbe épreuve; elle est très fraîche, et a une très grande marge. Rare de cette qualité.

43 — Les Tours de cartes, par P.-L. Surugue, 1774 (51).

> Superbe épreuve ; elle est très fraîche, et a une très grande marge. Rare de cette qualité.

44 — La même Estampe.

> Très belle épreuve. Remargée à claire-voie.

CHEREAU
(J.)

45 — Madame de Sabran tenant un pigeon sur un coussin, d'après Vanloo. Petit in-fol.

> Très belle épreuve. Remargée.

CHODOWIECKI
(D.)

46. — Revue du Roi Frédéric,

> Très belle épreuve. Marge.

COCHIN
(D'après N.)

47 — L'Enfance. — L'Adolescence. — L'Age viril. Trois pièces gravées par Cochin, Schmidt, et Mlle Dubos.

> Superbes épreuves. Grandes marges.

COLSON
(D'après)

48 — L'Action, par N. Dupuis.

> Très belle épreuve. Grande marge.

COSTUMES

49 — Collection d'habillements modernes et galants. 2e Cahier (cahier B, n°s 7 à 12). Suite complète

de 6 pièces d'après Desrais, publiée à Paris chez Basset.

Très belles épreuves ayant leurs marges entières non ébarbées.

50 — Collection d'habillements modernes et galants. Troisième cahier (cahier C, n°s 13 à 17). Suite complète de 6 pièces d'après Desrais, Léveillé et Meunier, publiée à Paris chez Basset.

Très belles épreuves ayant leurs marges entières non ébarbées.

51 — Collection d'habillements modernes et galants, 5° cahier (cahier E. n°s 25 à 30). Suite complète de 6 pièces d'après Desrais et Meusnier, publiée à Paris chez Basset.

Très belles épreuves ayant leurs marges entières non ébarbées.

COYPEL
(D'après C.)

52 — Jeu d'Enfants. — Thalie chassée par la Peinture. Deux pièces, faisant pendants, gravées par Lépicié.

Très belles épreuves, les angles inférieurs de la marge, à droite, sont rapportés.

53 — Daphnis. — Qui pourrait à Philis ne pas rendre les armes. Deux pièces, faisant pendants, gravées par Surugue et Botet.

Très belles épreuves.

COYPEL
(D'après Cn. et A.)

54 — L'Amour piqué par une Abeille. — Daphnis fuyant Apollon. — Andromède délivrée par Persée. —

Sujets de l'Histoire ancienne. — Jésus aux Oliviers. — Tableaux décorant la Grande Gallerie
du Palais Royal. 13 pièces.

Très belles épreuves ayant, la plupart, de grandes
marges.

DAULLÉ
(J.)

55 — Portrait de Mme Favart, en pied, dans le rôle de
Bastienne, d'après C. Vanloo. In-fol.

Très belle épreuve. Grande marge.

DE TROY
(D'après F.)

56 — Toilette pour le bal. — Retour du bal. Deux pièces,
faisant pendants, gravées par Beauvarlet.

Très belles épreuves tirées avant que la mention :
Tiré du Cabinet de M. Prousteau, etc., ait été effacée.
Toutes marges.

DUGOURE
(D'après)

57 — Trait de bienfaisance (de Marie-Antoinette), par
F. A. David.

Très belle épreuve. Grande marge.

DYCK
(Ant. Van)

58 — Son Portrait. — L'Ecce Homo. Deux pièces gravées,
à l'eau-forte, par le Maître.

Belles épreuves, la première pièce est avec l'adresse de
G. Hendricx.

ÉCOLE FLAMANDE
(Pièces d'après les maîtres de l')

59 — Le chien intéressé. — La batteuse de beurre. — Le
Marchand d'orviétan. — Chambre à coucher Hollandaise. — Embarquement de vivres. — Retour
de campagne. — Paysages, etc. 15 pièces d'après
K. Dujardin, Scalf, Troost, Mieris, Berghem, etc.

Très belles épreuves. Grandes marges.

60 — La Marchande de poisson. — Le Jardinier. — La
Fruitière. 3 pièces d'après Carré et Vanasse.

Très belles épreuves. Grandes marges.

61 — Portrait de Rembrandt. — Le père de Rembrandt.
— Philosophe en méditation. — Le Roi de la
Fève. — Thomiris. — Le Jardin d'amour. — Les
plaisirs des Buveurs, etc. 13 pièces d'après Rembrandt, Rubens, Jordaens, Ostade, etc.

Très belles épreuves.

ÉCOLE FRANÇAISE
(Pièces d'après les maîtres de l')

62 — Les Adieux de Catin. — Les premiers pas de l'enfance.
2 pièces d'après Lenfant et Schenau.

Très belles épreuves. Toutes marges.

63 — Le Turc qui regarde pêcher. — La Grecque sortant
du bain. — Les Jardinières Italiennes au marché.
— Le Ménage Savoyard. — Le Voyage. — La
Savoyarde. — Le Savoyard. 7 pièces d'après
J. Vernet et Pierre.

Très belles épreuves. Grandes marges.

64 — La Dame de Charité. — Le Prêtre du Catéchisme.
— Halte des Gardes Suisses. — Halte des Gardes

Françaises. — Les Arts libéraux, etc. 13 pièces
d'après Duménil, Parrocel, Le Clerc, etc.

Très belles épreuves.

65 — La Jeunesse folâtre. — La lanterne Magique. —
La Petite Jalouse. — Le Marchand d'échaudés.
— Ballet du Prince de Salerne. — Pierrot et sa
progéniture, etc. 9 pièces d'après Coypel, Jeaurat,
Le Bel et Le Bas.

Très belles épreuves.

66 — Iphigénie sur le bûcher. — Acis et Galatée.— Vénus
sur les eaux. — Le Bain de Diane. — Armide faisant détruire son Palais. — Les Éléments. —
Pompe funèbre, etc. 14 pièces d'après Bertin,
Moitte, Restout, L. de Boullongne, Silvestre et
autres artistes.

Très belles épreuves. Grandes marges.

67 — La surprise du vin. — L'École champêtre. — Jacob
arrivant en Mésopotamie. — Les Muses. — Sujets
mythologiques, etc. 15 pièces d'après Le Nain.
Vleughels, Vanloo, Le Moyne et autres artistes.

Très belles épreuves. Grandes marges.

68. — Jésus au Temple. — Saint Bruno en prière. —
L'alliance de la Poésie et de la Musique. —
L'alliance de la Peinture et du Dessin. — Le
Triomphe de Mardochée. — Sujets mythologiques,
de la Fable et de l'Histoire, etc. 17 pièces d'après
Jeaurat, Jouvenet, Natoire, Pierre et Le Clerc.

Très belles épreuves. Grandes marges.

69 — L'enlèvement des Sabines. — Coriolan. — La tente
de Darius. — Triomphe de Bacchus et d'Ariane.
— Sujets de l'Ancien et du Nouveau Testament.

— Les Sacrements. 16 pièces d'après N. Poussin.
De la Fosse. Mignard et Lebrun.

Très belles épreuves.

ÉCOLE ITALIENNE

(D'après les maîtres de l')

70 — La Bouche de Vérité. — Enlèvement d'Europe. —
Enlèvement d'Hélène. — Enlèvement des Sabines.
— Sujets pieux. — Paysages, etc. 16 pièces.

Très belles épreuves.

71 — Sujets religieux. — Mort de L. de Vinci. — Peintures
de la Galerie Farnèse. 19 pièces d'après Raphaël,
A. Carrache. L. Giordano et autres artistes.

Très belles épreuves.

ÉCOLE RUSSE

72 — Paul Pétrovitch, Grand-Duc de Russie. — Marie
Féodorowna, Grande-Duchesse de Russie. —
Mort du Prince Potemkin. — Le Maréchal
Munich. — Portrait d'un Grand-Duc. — Groupes
d'Amours, d'après Boucher. — Jeune fille à la
poupée. — Vierge et Enfant Jésus. 10 pièces gravées par Tshemesoff, Panin, Kolpacou, Kerassinow
et autres graveurs russes.

Très belles épreuves ayant de grandes marges. Fort
rares.

EISEN

(D'après)

73 — La Dame de charité, par Voyez l'aîné.

Très belle épreuve: Toute marge.

FERETTI

(D'après)

74 — Les Métamorphoses d'Arlequin. 4 pièces gravées par
Wagner.

Très belles épreuves. Toutes marges.

FREUDEBERG

(D'après S.)

75 — Le Lever, par Romanet.
Le Bain, par Romanet.
Le Coucher, par Duclos et Bosse.
L'Événement au bal, par Duclos et Ingouf.
La Promenade du soir, par Ingouf.
Les Confidences, par Lingée.
Le Boudoir, par P. Malœuvre.
La Promenade du matin, par Lingée.
La Visite inattendue, par Voyez l'aîné.
La Toilette, par Voyez l'aîné.

Dix estampes formant, moins deux pièces, *La
soirée d'hyver* et *L'occupation*, la 1re série de la :
*Suite d'Estampes pour servir à l'histoire des
mœurs et du costume des Français dans le
XVIIIe siècle.*

Très belles épreuves avant les numéros. Marges des
cuivres.

76 — Texte complet de la 1re édition de la suite précédente
comprenant :

Le titre : *Suite d'Estampes pour servir à l'histoire
des Mœurs et du Costume des Français dans le
XVIIIe siècle. Année 1774. à Paris, de l'Impri-*

*merie de J. Barbou, rue des Mathurins vis-à-vis
de la grille M D CC LXXIV.*

2 feuillets : *Discours Préliminaires* et 12 feuilles
explicatives, pour chacune des planches.

Ce texte de la 1re édition, laquelle est antérieure d'une
année à celle de Prault, est fort rare. Les marges n'ont que
10 millimètres environ en dehors des encadrements.

GREUZE
(D'après. J.-B.)

77 — La Jeunesse studieuse, par Levasseur.

Très belle épreuve Rare.

78 — L'enfant gâté, par Le Bas.

Très belle épreuve. Toute marge.

79 — La Jeune affligée, par Ingouf.

Très belle épreuve. Toute marge.

80 — Homme debout. — Une Marchande. 2 pièces, faisant
pendants, gravées par Mme Beauvarlet.

Très belles épreuves. Toutes marges.

81 — La Lecture de la Bible. — L'Écosseuse de pois. Deux
pièces gravées par Martenasie et Le Bas.

Très belles épreuves. Marges.

HARDING
(D'après S.)

82 — *Cymbeline.* Pièce de forme ronde, gravée par J. Parker.

Superbe et très fraiche épreuve imprimée en couleurs.
Toute marge.

HIGHMORE
(D'après .)

83 — Histoire de Paméla. 6 pièces gravées par A. Benoist.

Très belles épreuves. Grandes marges.

HOGARTH
(Par et d'après W.)

84 — *Projet de Descente des Français en Angleterre. —
Les Anglais faisant bonne chère en attendant la
Descente. — An Election entertainement, Planche 1.
— The Polling, pl. 3. — Caricatures.* 5 pièces.
> Très belles épreuves. Marges.

85 — *Comédiennes ambulantes dans l'intérieur d'une grange.
— Foire de Southwark.* Deux pièces.
> Très belles épreuves. Marges.

86 — *The enraged Musician. — The distrest Poet. — A
Midnight modern conversation. — Gin Lane. —
Morning.* 5 pièces.
> Très belles épreuves. Grandes marges.

87 — *Le Mariage à la mode.* Suite complète de 6 pièces
gravées à l'eau-forte par Hogarth et terminées au
burin par Scotin, Baron et Ravenet.
> Très belles épreuves. Grandes marges.

88 — *Aventures d'un fils prodigue et débauché.* 5 pièces.
> Très belles épreuves. Grandes marges.

89 — *Les Aventures d'une fille publique. 4 pièces.*
> Très belles épreuves. Grandes marges.

90 — *The Stage of cruelty.* Suite complète de 4 pièces.
> Très belles épreuves. Grandes marges.

HUET et OUDRY
(D'après)

91 — La Constance, portrait de Mimi. — La Fidélité, portrait d'Inès. — Chien basset et trophée de gibier.
3 pièces gravées par Fessard et Aveline.
> Très belles épreuves.

KAUFFMANN

(D'après A.)

92 — *Cupid binding Aglaia to a Laurel.* — *Cupid disarm'd Euphrosine.* Deux médaillons ovales en largeur, faisant pendants, gravés par Th. Burke.

Magnifiques épreuves lettres grises, elles sont de la plus grande fraîcheur et ont de très grandes marges. Excessivement rares de cette qualité.

93 — *Harmony.* — *A Nymph sacrificing.* Deux médaillons ovales en largeur, faisant pendants, gravés par Bettelini.

Magnifiques épreuves, lettres grises, imprimées en bistre ; elles sont très fraîches et ont de très grandes marges. Excessivement rares de cette qualité.

LA FONTAINE

(Pièces pour les Contes de)

94 — Nicaise, gravé par Schmidt, d'après Lancret.

Superbe épreuve du 1er état : avant l'adresse de Buldet et avant que le nom de Schmidt ait été remplacé par celui de De Larmessin ; remargée à claire-voie. Excessivement rare.

95 — Les deux amis. — Le Faucon. — A femme avare, galant escroc. — Les oyes de frère Philippe. — Le petit chien qui secoue de l'argent et des pierreries. — Les Troqueurs. 6 pièces gravées par De Larmessin, d'après Lancret.

Très belles épreuves avant l'adresse de Buldet. Remargées à claire-voie.

96 — La Gageure des trois Commères. Gravé par Tardieu, d'après Eisen.

Superbe épreuve avant l'adresse de Buldet. Toute marge.

97 — Promettre c'est un et tenir c'est un autre. Gravé par Le Grand, d'après Eisen.

> Superbe épreuve avant l'adresse de Buldet. Toute marge.

98 — La Clochette. — Frère Luce. — Le Glouton. 3 pièces gravées par Fillœul et De Larmessin d'après Vleughels et Pater.

> Très belles épreuves avant l'adresse de Buldet. Remargées à claire-voie.

99 — La Laitière et le Pot au lait, par Le Vasseur, d'après Bertin.

> Très belle épreuve avec marge. Fort rare.

100 — La Matrone d'Éphèse, par Desplaces, d'après C. Coypel.

> Très belle épreuve. Remargée.

101 — L'huître et les plaideurs. — Le Savetier et le Financier. — L'Amour et la Folie. — L'homme entre deux âges et ses deux maîtresses. — L'Enfant et le Maître d'École. — La femme noyée. — La Fortune et le Jeune Enfant. — L'Asne portant des reliques. — L'Astrologue qui se laisse tomber dans un puits. — La Montagne qui accouche. 10 pièces par divers graveurs, d'après Jeaurat.

> Très belles épreuves. Remargées.

LANCRET
(D'après N.)

102 — Les Ages de la vie. Suite de quatre pièces, gravées par N. De Larmessin (E. B. 1, 28, 45 et 86).

> Très belles épreuves. La Vieillesse, la seule pièce de la suite où il y ait des différences, est du 1er état. L'Adolescence et l'Enfance ont de très grandes marges, les deux autres pièces sont remargées à claire-voie.

103 — Les Amours du bocage. — Le Jeu de pied de bœuf. Deux pièces, faisant pendants, gravées par De Larmessin (8 et 43).

Très belles epreuves. Remargées à claire-voie.

104 — Mlle Camargo, par L. Cars (17).

Très belle épreuve avec la première adresse, celle de l'auteur laquelle fut, plus tard, remplacée par celle de Surugue. L'angle droit inférieur est rapporté.

105 — Le Jeu de cache-cache mitoulas. — Le Jeu des quatre coins. Deux pièces, faisant pendants, gravées par De Larmessin (41 et 44).

Très belles épreuves du 2ᵉ état : avant que l'adresse de De Larmessin ait été remplacée par celle de Gaillard. Remargées à claire-voie.

106 — Le Jeu de Colin-Maillard, par C.-N. Cochin (42).

Superbe et très rare épreuve du 1ᵉʳ état : avant que l'adresse de Cochin, précédant celle de Le Bas, ait été effacée; remargée à claire-voie. Excessivement rare.

107 — Le Maître galant, par J.-P. Le Bas (48).

Très belle épreuve tirée avant que l'adresse de Petit ait été ajoutée à celle de Le Bas. Remargée à claire-voie.

108 — Partie de plaisirs, par P.-E. Moitte (57).

Superbe épreuve. Très grande marge.

109 — Les Saisons, en hauteur. Suite de quatre pièces gravées par Audran, Scotin, Tardieu, et Le Bas (64-31-73 et 40).

Très belles épreuves. Remargées à claire-voie.

110 — Repas italien, par J.-P. Le Bas (70).

Superbe épreuve. Remargée à claire-voie.

111 — Mlle Sallé, par N. De Larmessin (71).

Très belle épreuve, l'angle droit inférieur est rapporté.

112 — La Belle Grecque. — Le Théâtre italien. — Pastorales galantes. 4 pièces gravées par Schmidt et Cochin.

Très belles épreuves. Remargées à claire-voie.

LE CLERC
(D'après)

113 — Vie de l'Enfant prodigue. Suite de 6 pièces gravées par Basan, Moitte et autres artistes.

Très belles épreuves. Grandes marges.

LE VACHEZ
(A Paris, chez)

114 — Anecdote théâtrale de l'homme unique à tout âge (Voltaire à la 6ᵉ représentation d'Irène), gravé par Snack.

Très belle épreuve ayant toute sa marge. Fort rare.

LONGHI
(D'après P.)

115 — Les occupations d'une Vénitienne aux différentes heures de la journée. 3 pièces gravées par Flipart.

Très belles épreuves. Toutes marges.

LORRAIN
(D'après Cl. le)

116 — Les édifices romains en ruines. — Vue des environs de Naples. — Enlèvement d'Europe. — Arrivée d'Énée en Italie. — Vue de la rivière du Pô en Italie, etc., 7 pièces gravées par Woolett, Vivares, Mason et autres artistes.

Très belles épreuves.

LOUTHERBOURG
(D'après J.-P. DE)

117 — *Sumners Evening. — The Embarkment.* 2 pièces
gravées par Picot.

Très belles épreuves. Grandes marges.

MARIN
(L. Bonnet)

118 — *The Woman taking coffee,* 1774.

Superbe épreuve imprimée en couleurs avec des
rehauts d'ors dans l'encadrement et dans l'estampe. Très
rare de cette qualité.

119 — *The Milk Woman,* 1774.

Superbe épreuve imprimée en couleurs avec des
rehauts d'ors dans l'encadrement et dans l'estampe. Très
rare de cette qualité.

MAROT

120 — La Grande salle d'audience de La Haye où les Sei-
gneurs des États généraux des Provinces-unies
reçoivent les Ambassadeurs et tiennent leurs
assemblées. Grande pièce in-f° en largeur.

Très belle épreuve. Grande marge.

MARTIN
(D.)

121 — *La lecture de l'alphabet. — La leçon de musique.*
Deux pièces ovales, faisant pendants, publiées en
1774.

Très belles épreuves imprimées en bistre, les figures
légèrement en couleurs. Toutes marges.

122 — *The Tender mother*, 1772. Pièce ovale.

> Très belle épreuve imprimée en bistre, les figures légèrement en couleurs. Toute marge.

123 — *The Tender mother*, 1774.

> Très belle épreuve imprimée en bistre, les figures légèrement en couleurs. Toute marge.

MERCIER
(D'après P.)

124 — *L'École de garçons. — L'École des filles.* Deux pièces, faisant pendants, gravées à la manière noire par Faber.

> Très belles épreuves.

125 — *A Scene in the recruiting officer. — A Scene in the careless Husband.* 2 pièces, faisant pendants, gravées à la manière noire par Faber.

> Très belles épreuves.

126 — *Bacchus in the Character of Cupid. — A Venetian Courtezan. — Jeune fille à sa toilette.* 3 pièces gravées à la manière noire par Faber.

> Très belles épreuves.

MONDON LE FILS
(D'après)

127 — Les Heures du Jour. Suite de quatre pièces, avec des motifs d'ornements rocaille, gravée par Aveline.

> Très belles épreuves. Remargées.

MOREAU
(D'après J.-M.)

128 — Déclaration de la grossesse, par Martini.
Les Précautions, par Martini.
J'en accepte l'heureux présage, par Trière.

N'ayez pas peur, ma bonne amie, par Helman.

C'est un fils, Monsieur, par Bacquoy et Patas.

Les Petits parrains, par Bacquoy et Patas.

Les délices de la Maternité, par Helman.

L'Accord parfait, par Helman.

Le Rendez-vous pour Marly, par Guttenberg.

Les Adieux, par De Launay.

La rencontre du Bois de Boulogne, par Guttenberg.

La Dame du Palais de la Reine, par Martini.

Suite complète de 12 pièces formant la seconde série de la : Suite d'Estampes pour servir à l'histoire des modes et du costume en France dans le XVIIIe siècle.

Très belles épreuves avec le privilège (Lettres A.P.D.R.) Marges des cuivres.

NATTIER
(D'après J.-M.)

129 — Madame Marie-Henriette de France, sous la figure du Feu. Gravé par J. Tardieu.

Très belle épreuve. Très grande marge.

130 — La Force (Portrait de Mme de Châteauroux), par Baléchou.

Très belle épreuve. Grande marge.

NORTHCOTE
(D'après J.)

131 — *The Spell*, gravé à la manière noire par J. Walker.

Superbe épreuve avant la lettre, la marge couverte de salissures de burin. Très rare de cette qualité.

132 — *Petite laitière anglaise. — Petite fruitière anglaise.* Deux pièces de forme ovale, faisant pendants, gravées par Ch. Gaugain.

Magnifiques épreuves tirées en bistre, elles sont très fraîches et ont de grandes marges. Excessivement rare de cette qualité.

133 — *The Education of Coraly*. Médaillon rond gravé
par J. Gaugain.

> Magnifique épreuve imprimée en couleurs, elle est très
> fraîche et a une grande marge. Excessivement rare de
> qualité.

134 — *The Death of Solinzeb,* par Gaugain.

> Superbe épreuve imprimée en couleurs, elle est de la
> plus grande fraîcheur et a une très grande marge. Très
> rare de cette qualité.

PATER
(D'après J.-B.)

135 — Les Plaisirs de la Jeunesse. Suite de quatre pièces
gravées par Fillœul.

> Très belles épreuves. Remargées à claire-voie.

136 — Le désir de plaire, par L. Surugue.

> Très belle épreuve. Remargée à claire-voie.

137 — Marche comique. — L'agréable société. Deux pièces
gravées par Ravenet et Fillœul.

> Très belles épreuves. Remargées à claire-voie.

138 — Mlle Dangeville, représentée en Thalie, par **Le Bas**.
> Très belle épreuve. Grande marge.

PATER et OUDRY
(D'après)

139 — Illustrations pour le Roman comique de Scarron.
5 pièces in-f°.

> Très belles épreuves. Remargées à claire-voie.

PETERS
(D'après)

140 — La petite Marchande de carpes, par **Le Vasseur**.
> Très belle épreuve. Grande marge.

PORTRAITS

141 — P.-Louis Moreau de Maupertuis. — Charles Rollin.
Deux portraits in-f°, gravés par Daullé et Baléchou.

Très belles épreuves.

142 — Louis de Lorraine. — Ch. de Beaumont. — J. Languet. — Chardin. — Washington. — Madame fille de Louis XVI. — 6 portraits in-f° et in-4°.

Très belles épreuves.

143 — Gustave-Adolphe. — Gustave III. — Frédéric-Christian. — Charles XIII. — C.-J. Adlercreutz. — F. Ricci. — Dr B. Hoadly. 6 portraits in-f° et in-8° gravés par Beause, Reclam, Baron et autres artistes.

Très belles épreuves.

RECLAM
(F.)

144 — Frédérique-Sophie-Wilhelmine, Princese de Prusse. — Élisabeth-Christine-Ulrique de Brunswic, Princesse de Prusse. — Anne-Amélie, Princesse de Prusse, sœur du Roi, 3 portraits in-f° et in-4°.

Très belles épreuves ayant de grandes marges. Fort rares.

RIGAUD
(J.)

145 — Représentation des actions les plus considérables du siège d'une place, suite de 6 pièces. — Vue du Luxembourg. Ensemble 7 pièces.

Très belles épreuves.

RUBENS ET SON ÉCOLE
(D'après P.-P.)

146 — La Vierge que l'Enfant Jésus embrasse. — Sainte Famille, dite à l'Oiseau. — Deux pièces gravées par S. A. Bolswert.

> Très belles épreuves.

147 — Saint François d'Assise, par Visscher et Soutman.

> Très belle épreuve du 2ᵉ état : avant que l'adresse de Soutman ait été remplacée par celle de Visscher. Rare.

148 — Adoration des bergers. — Adoration des Mages. — Le Christ mort. — Sainte Thérèse, etc. 13 pièces gravées par Bolswert, Lauwers, P. Pontius, Vorsterman et autres.

> Belles épreuves.

149 — Sujets du Nouveau Testament. — Saints et Saintes. — Sujets mythologiques. — Pièces détachées de l'Entrée du Prince Ferdinand à Anvers. 19 pièces, par Bolswert, P. Pontius, Vorsterman, Van Thulden et autres artistes.

> Belles épreuves.

150 — La Nature embellie par les Grâces, par Van Dalen.

> Très belle épreuve du 1ᵉʳ état : avant que le mot *excudit* ait été effacé et avant l'adresse de Blooteling.

151 — Le Jardin d'amour, par P. Clouwet.

> Très belle épreuve du 1ᵉʳ état : avant que le titre et les vers flamands aient été remplacés par un titre et des vers français. Rare.

152 — Portrait de Rubens, par P. Pontius.

> Belle épreuve. Marge.

153 — Élisabeth de Bourbon, femme de Philippe IV, par P. Pontius.

> Belle épreuve.

154 — Prince d'Aremberg. — Prince de Carignan. — Portraits détachés de l'Iconologie, 18 pièces.

Belles épreuves.

155 — Histoire d'Achille. Suite complète de neuf pièces, titre compris, gravées par Baron.

Très belles épreuves. Grandes marges.

156 — La Vierge et l'Enfant Jésus. — Sainte Famille. — L'Enfant Jésus endormi sur les genoux de la Vierge. — L'Enfant Jésus sur les genoux de la Vierge. 4 pièces gravées par Bolswert et P. Pontius, d'après V. Dyck.

Très belles épreuves avec marges.

157 — Le Christ en croix. — Le Christ mort sur les genoux de la Vierge. 3 pièces gravées par Bolswert et Vorsterman, d'après Van Dyck.

Très belles épreuves, la première pièce est du 1er état : avec la jambe gauche du cheval passant devant la droite.

158. — Sujets de l'Ancien et du Nouveau Testament. — Sujets de Saints et de Saintes. 25 pièces par divers graveurs, d'après Van Dyck.

Très belles épreuves.

159 — La Chasse au sanglier, gravé par J. Zaal, d'après Snyders.

Très belle épreuve. Rare.

160 — Sujets du Nouveau Testament. — Saints et Saintes. — Sujets de la Fable, 16 pièces par et d'après Jordaens, Quellinus et Seghers.

Belles épreuves.

SCHENAU
(D'après J.-E.)

161. — Leçon de Botanique, par Chevillet.

Très belle épreuve. Toute marge.

SCHIAVONETTI
(N.)

162 — *Paul the First, Emperor of Russia*, d'après Walderwek. In-4.

Très belle épreuve imprimée en couleurs.

SHELLEY
(D'après S.)

163 — *Peggy and Jenny. — Patie and Peggy.* Deux petits médaillons ovales en hauteur, faisant pendants, gravés par Playter.

Magnifiques épreuves imprimées en couleurs, elles sont de la plus grande fraîcheur et ont leurs marges entières non ébarbées. Excessivement rares de cette qualité.

164. — *Jessica and Lorenzo. — Rosiland Celia & Orlando.* Deux médaillons ovales en largeur, faisant pendants, gravés par W. Nutter et C. Player.

Superbes et très fraiches épreuves tirées en bistre. Grandes marges.

SMITH
(A Londres, chez)

165 — *The Spell. — Hobnélia.* — Deux médaillons ovales, en hauteur, faisant pendants.

Superbes et très fraiches épreuves imprimées en bistre. Grandes marges.

STOTHARD
(D'après)

166 — *Charlotte's visit to the vicar.* Pièce, de forme ronde, gravée par Ogborne.

Très belle et très fraîche épreuve imprimée en couleurs. Très grande marge.

167 — *Lear et Cordelia.* Médaillon rond gravé par Delatree.

> Très belle et très fraîche épreuve imprimée en couleurs. Très grande marge.

TENIERS
(D'après D.)

168 — L'Enfant prodigue. — Les Œuvres de miséricorde. 2 pièces, faisant pendants, gravées par Le Bas.

> Très belles épreuves. Grandes marges.

169 — Feste de village. — Réjouissances flamandes. — 3ᵉ Fête flamande. — Blanchisserie, Xᵉ vue de Flandre. 4 grandes pièces gravées par Le Bas.

> Très belles épreuves. Marges.

170 — Les Cinq Sens. — Les Eléments. 9 pièces gravées par Le Bas.

> Très belles épreuves.

171 — La Ménagère flamande. — Les Plaisirs flamands. La Conversation. — Le lendemain de noces. — Les Accords flamands. — Le Chimiste. — Le flûteur. 8 pièces gravées par Le Bas et Daullé.

> Très belles épeuves. Marges.

VANLOO
(D'après C.)

172 — La Peinture. — La Sculpture. — La Poésie. 3 pièces par Fessard, d'après les tableaux décorant trois dessus de Portes du château de Bellevue.

> Très belles épreuves. Marges.

WATTEAU
(D'après Ant.)

173 — Antoine de La Roque, par Lépicié.

> Très belle épreuve. Remargée à claire-voie.

174 — La Sainte Famille, par M. J. Renard du Bos.

> Très belle épreuve du 1er état : avec la mention : *Du Cabinet de M. de Julienne* laquelle fut, plus tard, remplacée par celle de : *Galerie du Comte de Brulh*, ses armes et l'adresse de la Vve Chereau. Très grande marge.

175 — L'Amour mal accompagné. — Les Enfants de Sylene. Deux pièces gravées par Dupin.

> Très belles épreuves. Très grandes marges.

176 — Les Saisons. Suite de quatre pièces, en hauteur, gravées par Desplaces, Renard du Bos, Faissar et Audran.

> Très belles épreuves. Très grandes marges.

177 — Louis XIV metant le cordon bleu a Monsieur de Bourgogne, pere de Louis XV, par N. de Larmessin.

> Très belle épreuve. Très grande marge.

178 — Détachement faisant alte. — Retour de Campagne. — Escorte d'équipages. 3 pièces gravées par Cochin et Cars.

> Très belles épreuves du 1er état; les deux premières pièces sont remargées à claire-voie.

179 — L'Amour au théâtre François, par C.-N. Cochin.

> Très belle épreuve.

180 — Spectacle François, par P. Dupin.

> Très belle épreuve. Remargée à claire-voie.

181 — Comédiens Italiens, par Baron.

> Très belle épreuve. Très grande marge.

182 — Le Départ des comédiens Italiens, par L. Jacob.
> Très belle épreuve. Très grande marge.

183 — La même Estampe.
> Très belle épreuve. Marge.

184 — L'Amour paisible, par Baron.

> Superbe épreuve probablement avant toutes lettres.
> Sans marge et remontée à claire-voie.

185 — La même Estampe.

> Très belle épreuve ayant une très grande marge ;
> l'angle droit inférieur est rapporté.

186 — Le bosquet de Bacchus, par C.-N. Cochin.

> Superbe épreuve du 1ᵉʳ état, avant la mention : *Du
> cabinet de M. de Julienne.* Très grande marge, l'angle
> droit inférieur est rapporté.

187 — Les Champs-Élisées, par M. Tardieu.

> Très belle épreuve ayant une très grande marge,
> l'angle droit inférieur est rapporté.

188 — Les charmes de la vie, par P. Aveline.

> Très belle épreuve ayant une très grande marge.

189 — Le Concert champêtre, par Audran.

> Très belle épreuve. Remargée à claire-voie.

190 — La Danse paysanne, par B. Audran.

> Très belle épreuve. Remargée à claire-voie.

191 — L'Ille de Cythère, par Larmessin.

> Très belle épreuve. Remargée à claire-voie.

192 — Le Lorgneur. — La Lorgneuse. Deux pièces, faisant
pendants, gravées par G. Scotin.

> Très belles épreuves. Remargées à claire-voie.

193 — La Musette, par Moyreau.

> Très belle épreuve. Remargée à claire-voie.

194 — Le Passe-Temps, par B. Audran.

> Très belle épreuve. Remargée à claire-voie.

195 — La Perspective, par Crespy.

>Très belle épreuve du 1er état, avec le titre écrit : *Persepective*. Très grande marge, l'angle droit inférieur est rapporté.

196 — La partie quarrée, par J. Moyreau.

>Très belle épreuve. Très grande marge, l'angle droit inférieur est rapporté.

197 — Pierrot content, par E. Jeaurat.

>Très belle épreuve. Très grande marge, l'angle droit inférieur est rapporté.

198 — *Heureux âge ! âge d'or, ou sans inquiétude...,* par Tardieu.

>Très belle épreuve du 1er état : avec l'adresse de Sirois, laquelle fut, plus tard, remplacée par celle de Chereau. Remargée à claire-voie.

199 — La Danse champêtre, par Dupin.

>Très belle épreuve. Remargée à claire-voie.

200 — Le Colin-Maillard, par Brion.

>Très belle épreuve. Remargée à claire-voie.

201 — L'Indiscret, par Aubert.

>Très belle épreuve ayant une très grande marge, l'angle droit inférieur est rapporté.

202 — La même Estampe.

>Très belle épreuve. Remargée à claire-voie.

WILLE
(J.-G.)

203 — La Dévideuse, mère de G. Dow, d'après G. Dow.

>Très belle épreuve. Grande marge.

204 — Le petit Physicien, d'après G. Netscher.

>Très belle épreuve. Toute marge.

205 — Tricoteuse Hollandaise, d'après F. Mieris.

Très belle épreuve. Grande marge.

WOUWERMANS
(D'après Ph.)

206 — Halte d'officiers. — Le manège. — Délassement de Troupes. — Le départ des Cavaliers. — La chasse à l'Italienne. — Partie de chasse pour le vol. — Les Sangliers forcés. 7 pièces gravées par Moyreau et Le Bas.

Très belles épreuves. Grandes marges.

Paris. — Typ. Ph. Renouard, 19, rue des Saints-Pères. — 41318.